Sergio Endrigo

Via dei Matti

disegni di Nicoletta Costa

Gallucci

Sergio Endrigo
Via dei Matti
disegni di Nicoletta Costa

dello stesso interprete:
Ci vuole un fiore
L'Arca di Noè

Nel cd il brano originale
La casa
(V. De Moraes - S. Bardotti - V. De Moraes)
cantato da Sergio Endrigo
Fonit Cetra Music Publishing
su licenza di Carisch Srl
(p) 1970 Warner Music Italia Srl

ISBN 88-88716-56-4
Prima edizione ottobre 2005

ristampa   anno
7 6 5 4 3 2   2006 2007 2008 2009

© Carlo Gallucci editore srl
Roma

gallucci editore.com

Stampato per conto dell'editore Gallucci
presso la tipografia Tibergraph di Città di Castello (Pg)

C'era una casa…

era una casa…

era una casa molto carina

era una casa senza soffitto

era una casa senza cucina.

Non si poteva
entrarci dentro,

perché non c'era
il pavimento.

Non si poteva
andare a letto,

in quella casa
non c'era il tetto.

Non si poteva fare pipì,

perché non c'era vasino lì.

Ma era bella, bella davvero

in Via dei Matti
numero zero.

Ultimi volumi pubblicati:

Novità

"La famosissima canzone di Jannacci e Dario Fo diventa uno strepitoso libro per bambini, una istruttiva parabola"

Panorama

"Geniale: ricavare un libro dalla canzone - manifesto di Jannacci e Fo, l'anarchico lamento dell'escluso. La satira malinconica si stempera nel lieto fine"

Francesca Fornario
Sorrisi e Canzoni TV

libro + Dvd

"Dig" Segnalato dalla giuria del premio "Città di Roma Gianni Rodari" 2004

"Joshua possiede il grande dono di saper esprimere le emozioni con pochi tratti essenziali, sempre appropriati e ricchi di un fantastico umorismo"

Bruno Bozzetto

"Dig è un'icona con l'animo del cartoon come da tempo non se ne vedevano più"

Elena Baroncini
Il Sole 24 Ore

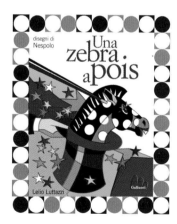

libro + Cd

"Riuscitissimo connubio tra il sound dei Modena City Ramblers e il tratto di Paolo Cardoni"

Stefania Ulivi
Sette

"Bellissimo, affascinante e commovente"

Gianna e Roberto Denti

"La *Zebra*, un libro artistico per bambini illustrato da meravigliosi disegni psichedelici di Nespolo"

Marinella Venegoni
La Stampa

"Ma dai!" Selezione Premio "Libro per l'ambiente" 2005

"Questo libro è di alta rilevanza per i piccoli lettori. La storia esprime, in modo divertente e istruttivo, il rapporto tra natura e scienza. Buon viaggio, ragazzi, in questo magico e stimolante treno"

Rita Levi-Montalcini
Premio Nobel per la Medicina

"L'autore è un personaggio eclettico come Pierre Riches, prete di origine ebrea che dà dell'apostolo un'immagine semplice e scanzonata"

Cristina Taglietti
Corriere della Sera

libro + Cd

"Un matrimonio forte, quello tra De Moraes e Altan, che da sempre ha imbevuto i suoi disegni di un'intensità cromatica sudamericana"

Antonella Fiori
L'Espresso

"Un'ispirata apologia della semplicità, nata dall'incontro tardivo di artisti che hanno sempre affiancato alla produzione per adulti quella per i bambini"

Francesca Fornario
Sorrisi e Canzoni TV

"Ci vuole un fiore" Premio della giuria "Libro per l'ambiente", Legambiente 2004

libro + Cd

"La celebre filastrocca di Branduardi... Per scoprire la poesia sepolta in ciascuno di noi"

Mirella Appiotti
La Stampa

"Un classico della tradizione ebraica, a cui alludono con eleganza le tavole di Luzzati"

Cristina Taglietti
Corriere della Sera

"La canzone impreziosita dai disegni di Emanuele Luzzati. Un libro notevole"

Stefano Salis
Il Sole 24 Ore

libro + Cd

"Parla d'amore, di diritti e un pochettino anche di dolore, insomma del mondo e di tutto quello che succede"

Alessandra Rota
La Repubblica

"La parabola della tolleranza: ogni medaglia ha il suo rovescio, ma nel mondo tutto trova un posto"

Elena Dallorso
Donna Moderna

"E la vita l'è bella: imperdibile e da cantare a squarciagola insieme ai figli"

L'Unità

libro + Dvd

"Una deliziosa favola d'altri tempi, che ci fa tornare tutti bambini"

Vincenzo Mollica
TG1

"Una bambina bionda che anche a 60 anni di distanza conserva la sua fantasia"

Anna Praderio
TG5

"Un piccolo capolavoro riportato alla luce e messo finalmente a disposizione di tutti, grandi e piccoli"

Francesca Lazzarato
Il manifesto